HERÓIS
da minha infância

VILA DE PORTEL

PORTEL PRADO

HERÓIS
da minha infância

Primeira edição

São Paulo - Brasil
-- 2014 --

Edições Vila de Portel

Dados Internacionais Catalogação   (CIP)

Editora

Edições vila de portel
www.portelprado.com
Fone:(11987964412

Projeto gráfico

Gráfica: Renovagraf
Vicente Prado

Revisão Ortográfica

Prof. Roque Aloísio weschenflder
E-mail:roquealoisio@yahoo.com.br

Revisão final

Vicente Prado

Imagem da Capa

Porto de Pedreiras-Ma
Acervo particular

Arte da capa

Portel Prado

Heróis da minha infância

copyrigt©portel prado

Lei 5.988 de 14.12.1976

Nenhuma parte desta publicação
pode ser armazenada, fotocopiada,
reproduzida por qualquer meio ele-
trônico sem autorização prévia do
autor.

Contato:

E-mail: Pradoportel@gmail.com
Site: www.portelprado.com

ISNB - 978-85-917682-0-2

Fonte : Candara 11 -112 p

Todos os direitos desta edição reservados à

Vicente Portela do Prado

Heróis da minha infância - Portel Prado - Primeira edição

Prado,Portel I Literatura II Poesia CDD -B869

São Paulo - Brasil
- 2016 -

Edições Vila de Portel

DEDICATÓRIA

Aos caboclos sararás, heróis e desbravadores do Maranhão. Aos meus heróis de verdade: meus pais, meus tios e meus amigos de infância.

Em memória

Meus pais:
Manoel Portela do Prado
Ozana Portela do Prado

Meu irmão
Francisco Portela do Prado

Minha Avó
Virginia Vaz de Aguiar

ÍNDICE

Ariano

Hoje, eu amanheci Ariano
Mais Suassuna do que nunca
Amanheci sorridente
Com a boca sem dentes.

Amanheci Ariano, gente.
Homem e poeta paraibano,
Menino de orelhas de abano.
Amanheci Suassuna, inteligente.

Amanheci fazendo poesia
Apesar das desiludidas,
A vida merece ser vivida;
Não compadecida.

Hoje, amanheci Ariano
Mais Suassuna
Menos monga
Menino paraibano.

Amanheci sorrindo
Por qualquer coisa
Com a boca murcha
Achando engraçado.

Hoje, amanheci Sport
Amanheci Paraibano
Amanheci apaixonado
Amanheci mais forte.

Hoje, amanheci poetizando
Como o poeta Paraibano.
Amanheci Ariano Suassuna
Poetizando mais um auto.

Apresentação

Heróis de infância, quem não teve um. Todos nós tivemos os nossos heróis de infância. Pessoas e amigos que admirávamos e que foram importantes para nossa formação. Muitas vezes, são imaginários; amigos e figuras que criamos para nos fortalecer nas horas de auguras. Outras vezes são pessoas e amigos que figuram em nosso imaginário desde criança. Eles são figuras importantes para o futuro de todos de nós. Eles são os responsáveis pelos nossos desejos e realizações.

Portanto, não estranhe se, aqui, eu citar meu pai, minha mãe, minha avó, os caboclos sararás. Eles estiveram presentes em minha vida e tenho certeza que vocês também tiveram os seus amigos e os seus heróis.

Heróis são todos aqueles que admiramos e, portanto, vale lembrar sempre destas pessoas. O irmão mais velho, o amigo da escola que era descolado, a professora bacana, o bêbado que dormia na calçada até curar a cachaça, enfim são esses os elementos do meu livro. Heróis que habitam meu imaginário desde minha infância.

Este livro eu escrevi, todo ele, baseado nesses heróis que conheci durante minha infância. Pessoas legais, pessoas que lutavam pela vida, pelo dia a dia e por quem amavam. Esses são os meus verdadeiros heróis. Os heróis da televisão nem existiam na minha época. Esses, como eu mesmo escrevi, são difíceis de neles se crer.

Ainda, para completar esta obra, coloquei poemas que contam lendas que conheci na minha infância. As lendas e histórias populares fazem parte do imaginário infantil e, portanto, completam esta obra.

Vicente Prado

As coisas tangíveis
tornam-se insensíveis
à palma da mão,
Mas as coisas findas
muito mais que lindas,
essas ficarão.

Carlos Drummond de Andrade

Heróis da minha terra

Minha terra tem palmeiras,
Onde canta o sabiá;
Tem cunhãs brejeiras
E caboclos sararás.

As aves, que aqui gorjeiam;
Não gorjeiam como lá.
Gonçalves Dias morreu;
Lá, heróis não vão faltar.

Tem João do vale
E pisa, pisa na fulô.
Rua da golada
Que João eternizou.

Rua de bares e boemia
Para tomar uma golada.
Às margens do Mearim,
Antes da pescaria.

O cantador era ruim
E não sabia a letra.
Ele só sabia cantar:
Pisa, pisa na fulô
Não maltrate o meu amô.

Como era bonito ver
Aquela agitação no porto.
Os caboclos trabalhando
Nas suas embarcações.

Balsas e canoas
Que transportavam
Babaçu, arroz e feijão.
Sal, querosene e sabão.
Tudo que você imaginar
Para o interior tinha que levar.

Zé do saco,
Pequapá e os caboclos sararás.
Heróis da minha infância,
Separados pela distância.

Tem ainda Zé de Arroba
Do armazém Paraíba.
Rua abaixo, rua acima;
Fantasiado de Chacrinha
Anunciando promoção.

Zé de Arroba, chacrinha sarará!
Chico chicote, Pedro Piancó;
Valente pra danar.

Maria Bonita apareceu lá,
Depois de morrer no sertão.

Deixando Lampião no céu,
Pra morar com Pequapá.

Parti dos teus encantos
Para um dia eu voltar.
O tempo passou rápido,
Nem sei se eu vou voltar.

Quando a saudade bate,
Faço versos e estou lá.
A saudade não tem remédio,
Porque o remédio está lá.

O filho que deixa seu lugar
Não sabe o que é amar.
Ele faz poesia, para, um dia,
Por seu povo ser lembrado.

Vou terminando esses versos,
A homenagem que eu faço
Aos heróis da minha infância,
Os caboclos sararás.

As aves, que aqui gorjeiam,
Não gorjeiam como lá.
Lá tem cunhãs brejeiras
Para quem quer casar.

Sou o menino de Transwal,

Rua Tamarindo,
Bairro do engenho
E Trizidela do vale.

O menino cresceu,
Ele virou poeta
Para escrever versos
Aos heróis sararás.

Princesa do Mearim
De encantos sem fim.
Longe de você
Não sei o que fazer.

Quando a saudade bate
Faço versos para você
Lembrar-se de mim
E eu de você.

Igarapés

Eu sou do tempo dos igarapés,
Igarapés que abasteciam os rios.
Igarapé grande e igarapé verde;
Todos os igarapés do Mearim.

Os igarapés quando ficavam cheios
O rio Mearim transbordava.
Os curumins pulavam das árvores
E todos se enchiam de alegria.

Todo dia eu ia pescar
De caniço e isca de pão.
As piabas pulavam de alegria
Quando eu as pegava na mão.

Cuidado com os puraqués,
Eles dão choques no pé.
Já matou muita gente
Dentro dos igarapés.

Pescar de tarrafa todo dia
Já na hora do jantar,
Para quê comprar no mercado
O que tinha em nosso quintal.

Cuxá e malagueta
No caldo de peixe piau,
Tudo ao leite de coco babaçu,
Iguaria que não tem no sul.

Como era bom ser criança
Sem horas para voltar do rio.
O dia passava e nem sabia
Que era hora de almoçar.

Hoje está tudo mudado:
Os curumins brincam no teclado,
As meninas não brincam de casinhas
E as bonecas são Barbies.

Sei que o tempo não volta,
Senão, você poderia ver
O quanto eu fui feliz
Pulando da ribanceiras do mearim.

As brincadeiras eram inocentes:
Esconde, esconde e outras mais.
Brincadeiras que hoje não tem
Porque as crianças nascem geniais.

Hoje os meninos já nascem malvados:
Eles se dizem conectados,
Mas não sabem respeitar
E não sabem o que é amar.

Cheiram cola de sapato
Quando não tem o que cheirar.
Fumam maconha pra se ligar
E acham que estão curtindo.

Vai aqui o meu recado
Para essa juventude:
Aprenda ser gente
Como foram os seus pais.

Brinque até se cansar
De casinha e de esconder.
Quando você crescer,
Vai saber se defender.

Não entre nessa de se drogar,
Lucidez é o maior barato.
Você ver tudo acontecendo
Ao vivo e, ao seu lado.

Estude e tenha educação,
Seja educado com seus pais.
Eles são os responsáveis
Por tudo que você faz.

Geração conectada é legal,
Geração passada também.
Ela tem história pra contar
E você, o que você tem?

Agradeço os amigos do facebook
Que compartilhar esse recado
As novas gerações precisam aprender
A respeitar os seus antepassados.

Cidade sem igual

Construí um castelo
Para a princesa morar.
Meu coração de pedra
Por outra foi se apaixonar.

Quem sai do seu lugar
Não sabe o que é amar
Filho que deixa o seu lar
Não consegue mais voltar.

O mundo é grande
Com tantos lugares,
Mas só há um lugar
Para onde pretendo voltar.

Esse lugar
Fica bem longe daqui,
Mas tem tudo que eu preciso
Nem preciso viajar.

Tem palmeiras de babaçu
E um rio para eu pescar.
Um barquinho de papel
Para o meu bem navegar.

Venha visitar esse lugar
Que escolhi pra morar.
Venha conhecer as lendas
E as lindas morenas.

Lendas antigas,

Que não tem em outro lugar.
Tribo de índios Pedras verdes
Que um dia foi seu habitar.

Cidade de Pedreiras,
Essa vale à pena visitar.
Às margens do rio Mearim,
Terra de João do Vale e Pequapá.

Venha conhecer as lendas
Que tem nesse lugar:
Pedra grande e Transwal,
Goiabal e o carnaval.

A Praça Ciro Rego
Agora tem chafariz.
A igreja de São bendito,
A nossa matriz.

A igreja de São Benedito,
Santo padroeiro do lugar.
Tem uma escadaria enorme
Para a promessa você pagar.

Que bom que você
Não precisa nem rezar,
Faz o sinal da cruz e vai
Pra trás da igreja namorar.

O amor é lindo,
Escondido é melhor.
As caboclas brejeiras
Gostam de namorar.

Vou terminando esta embolada,
Não fique contrariado.
Eu era muito pequeno
Quando em outro lugar fiz morada.

Agora a saudade bate
Da chapada e da fazenda,
Quando eu era pequeno
Não sabia fazer poema.

Agora eu cresci e virei poeta
Para a história eu contar.
Entre outras glorias,
Conheça a sua história.

Pisa, pisa na fulô,
Não maltrate o meu amô.
Inté Zé Cachangá elogiou
Quando o sanfoneiro cantou.

Correia de Araujo virou escola
Para esse poeta estudar.
Agora sou o Portel Prado
Autor da lenda Pequapá.

A lenda da serpente
Encanta muita gente,
Mas você quer saber,
A lenda desencantou.

Princesa sem coração!
Cansou-se de ser donzela.
Emancipou a Trizidela,

Por não querer cuidar dela.

O meu amor que era só dela,
Agora também é de Trizidela.
Eu que vivo distante,
Sinto falta da minha gente.

Coitado do Mearim
As suas margens é só capim!
O Mearim morre à míngua:
Seco, agonizam as suas águas.

Junto com ele morre a serpente,
Rua da golada e toda gente.
Rua da golada não existe mais
Para afogar as minhas mágoas

Não como antigamente,
Com forró e muita gente.
João do Vale e Pequapá,
Pisa na fulô e Zé Cachangá.

As lendas são inventadas
As histórias são contadas.
Quem não ficou contente,
Escreva tudo novamente.

Pedras Verdes

Pedras verdes era um lugar
Escondido entre as serras,
Terra de coqueirais de babaçu,
Tribo de índios selvagens.

Tribo de índios, pedras verdes,
Eram assim chamados.
Terra de lindos coqueirais
Florestas, lagos e mananciais.

Índios pedras verdes
Viviam às margens do rio Mearim,
Entre as serras e os coqueirais
Pescando, e caçando animais.

Os colonizadores chegaram
E decretaram com autoridade:
Este lugar é da coroa de Portugal,
Aqui índio não manda mais.

Uma guerra começou
Entre colonizadores e índios.
Os índios pedras verdes
Foram logo dizimados.

As flechas dos índios
Não alcançavam os canhões.
Penachos e cocais
Não combatem generais.

Foi-se o tempo de Saldanha
De uma tragédia tamanha,
Extermínio dos índios

Tribo pedras verdes.

Tribo pedras verdes desapareceu
Junto com os coqueirais.
Devastação da tribo foi total
Em uma guerra final.

Forasteiros de todo lugar
Foram chegando ao lugar.
Tribo pedras verdes foi dominada;
Quem não morreu foi civilizado.

Os caboclos sararás
Têm raízes neste lugar,
Como arroz plantado
E capim semeado.

Em um tempo limiar,
Lutavam sem razão:
Índio, negros e brancos,
Lutando pelo chão.

Antes, o que era coqueirais,
Virou povoado de Pedras verdes.
O povoado virou estância
E depois cidade de Pedreiras.

Foi na luta por identidade
Que a estância virou cidade.
Foi de dores das chicotadas
Que índios pedras verdes
Foram civilizados.

O progresso não tem preço.
Ele vem sem apreço

Pelas culturas do lugar.
Quem conquista, domina!

Foi assim que lá aconteceu
Com os Índios pedras verdes.
Agora não tem mais os cocais,
Penachos e os lindos coqueirais.

Suas rochas ao pé do morro
Deram frutos e nome à cidade,
E, por capricho do destino,
Lá eu cresci e fui menino.

Meio dia de caminhada
Era uma boa esticada.
A distância é que faz
Lembrar-me deste lugar.

Pedras verdes que era tribo,
Virou cidade de Pedreiras
João do Vale que era tocador,
Virou poeta e compositor.

Como tudo, neste mundo,
Transforma-se em segundos.
Um dia era bairro da Trizidela
No outro, Trizidela do vale.

Vou terminando esta história,
A tribo pedras verdes não existe mais.
De toda sua cultura só restam
Os caboclos sararás.

Lagoa Encantada

Era uma linda lagoa
Coberta por mururus.
Escondendo a sua beleza
Bem no meio da Trizidela.

Hoje é com tristeza
Que conto esta história.
Um prefeito sem glória
Sepultou aquela beleza.

Aquela lagoa era natureza
No meio de um bairro;
E debaixo dos mururus
Escondendo a sua beleza.

Eram peixes escondidos
Por debaixo dos mururus.
E quando chegava o inverno,
Tudo voltava para o rio.

Hoje não existe a lagoa
Criando peixes para alimentar
O rio Mearim e sua população
Aterraram, fizeram construção.

Povo sem coração!
Governados por gananciosos.
Quão tristes vocês são,
Tão tristes e saudosos!

Aquele que pensa e que pode
Destruir a natureza impune,
Saibas que um dia serás gume
Deste castigo ninguém foge.

O rio Mearim não tem mais surubins,
Os peixes desapareceram.
A lagoa que transbordava
Agora vive soterrada.

Quem tem fé e acredita,
Ver o que ninguém ver.
A lagoa ficou encantada
Debaixo de um bairro.

Qualquer dia a natureza
Em turbulência e revolta,
Traz à tona a sua dona
E a água transborda.

Lagoa encantada,
Feito pedra de esmeralda.
O seu verde está coberto,
Mas a sua água está perto.

Em noites de luar
Feche os olhos e imagine
Bem no meio da Trizidela
Uma linda lagoa .

Quem nunca viu a lagoa

Não sabe o que eu digo,
Não sabe que o destino
Prega peça e nos ensina.

A lagoa ainda vive lá,
Debaixo daquelas casas.
A lagoa foi destruída,
Mas a sua história não.

Você que é prefeito,
E, como todo mundo,
Ninguém é perfeito;
Deixe de ser ignorante.

Não destrua a natureza,
Ela nasceu para ficar
Do jeito que ela nasceu
Não para ser destruída.

A lagoa precisa voltar
Para eu brincar de pedalinho
E quando ela transbordar
A população vai alimentar.

Serão peixes a nadar
Em direção ao Mearim.
Para lá na cabeceira,
Procriar seus curumins.

Pare, pense no que você fez!
Quem destrói a natureza,
Sabes que será a pedra da vez;
Não tem volta essa tristeza.

Mearim

Águas barrentas
Correndo lentas
Rio abaixo
Por debaixo.

Debaixo da ponte
Debaixo de canais:
São riachos
Neles, não me acho.

Riacho verde
Pra lá de transwal
Igarapés e jacarés
Por todos os riachos.

Piranha vermelha
Morde pra valer
Cuidado com a sucuri
Ela vira o bote.

Mururus e lagos,
Igarapés e riachos;
Puraqués e jacarés,
Formam o ecossistema.

Rio Mearim tem lendas
Que encanta muita gente.
Nas suas águas barrentas,
Vive a lenda da serpente.

Curumins de Pedreiras

Cresci em Pedreiras,
Caminhando nas ruas,
Atravessando a ponte,
Descendo a ladeira
Da igreja de São Benedito.

Namorando as caboclas
Atrás da igreja,
Pedindo a Deus que não visse
O nosso amasso.

Aprender a navegar
O rio ensina.
Salvar de suas sinas
O destino inclina.

As suas correntezas,
Tenha certeza,
Têm suas armadilhas:
Cobra sucuri
Que engole boi.

Tem troncos de árvores
Que escondem monstros.
Melhor nem pensar
No que vai dar.

Não caia na armadilha
Que tem a ponte.
Pular dela, nem pensar!
Porque é muito arriscado.

Sem receio da morte
Tem gente que pula.
Quem desafia a morte
Nem sempre tem sorte.

Eu nunca pulei da ponte,
Mas conheci gente
Que encontrou a morte
Pulando da ponte.

No estado do Maranhão
Garoto não é menino,
Garoto é curumim
Procurando destino.

Fui garoto da roça,
Bebendo água de poço,
Comendo manga de fiapo,
Roendo o caroço.

Debaixo das mangueiras,
Não há quem não queira
Ficar na espreguiçadeira,
Pensado besteira.

Fui garoto traquino
Sem pensar no destino.
Brincando com barro,
Mudando de bairro.

Movido pela enchente,
Coisa de gente...
Morar na beira do rio
Só para pescar.

Fui menino valente,
Brigando na escola;
Arrumando encrenca
Em todo lugar.

Marcas na minha testa
Somente atestam
As minhas marras.

Algumas vezes ganhando,
Outras vezes perdendo;
Mas nunca levando
Desaforo para casa.

Virei caboclo da roça,
Capinando de cutelo,
Plantando arroz,
Namorando as caboclas
Nas corruptelas.

Butuca, borrachudo
Urtiga e unhas de gato;
Tudo eu tive de enfrentar.

Não quero nem pensar
Nas minhas aventuras.
As caboclas que namorei
Eu vou logo contar:

Namorei caboclas brejeiras,
Belas de amar.
Escondido dos meus pais;
Veja o que o jovem faz.

Cresci e viajei,
Veja aonde eu fui parar.
Coisa de gente do norte:
Nascer, crescer e viajar.

Porém, gente que é gente,
Tem de tudo experimentar:
Comida, cachaça e pão
Tudo tem uma razão.

Na roça fui trabalhador,
Na cidade, boia fria.
Só não matei onça
Porque a onça fugiu
Antes de eu chegar.

Veja o que eu comi
E entenda meu paladar:
Goiaba e manga verde
Com sal e pimenta,
Por que não experimenta?

Malagueta da peste,
Ardida pra danar.
Cuxá e maxixe no cozido,
Quiabo verde cru,
Só não comi sabão
Porque faltou razão.

Banana verde assada
E tripa de porco no jantar.
Cuscuz de arroz no café
Até hoje eu gosto
Desta iguaria do norte.

Comida de caboclos,
Mistura da roça.
Ajudou colonizar
O Maranhão.
Porque no Sertão
Nem sempre tinha pão.

Imagine mistura
Para acompanhar
Arroz e feijão.

De nada eu tinha medo.
O rio tem seus segredos
Para não pegar malária:
Bom era tomar água
Do próprio rio.

Crendice popular,
Não acredite não.
Muitas vezes sofri
Com febre e tremedeira,
Sintomas da malária
No estado do Maranhão.

Rio Mearim e suas lendas,
Serpente que invade a cidade
E destrói o lar.
Expulsa gente de suas casas
E traz riquezas para o lugar.

Pesquei piaba com isca de pão,
Andei com os pés no chão,
Peguei bicho de pé,
Só não tinha chulé
Por que tênis
Não existia na ocasião.

Tomei banho no rio Mearim,
Pelado tinha medo das piabas
Comerem o meu pingolim.
Não ria não,
A diversão tem a sua azaração.

Fui menino curumim
Brincando de caçar
De arapuca e arpão.
Pescar traíra na beira do rio,
Nas locas das barrancas,
Era a minha diversão.

Da Rua Tamarindo eu via
Os caboclos navegarem
Com as suas balsas
Carregadas de mercadorias.

Caboclos sararás,
Acostumados a navegar.
Canoas e balsas rústicas,
Feitas a machado e facão,
Fácil de transportar.

Arroz, feijão e babaçu;
Querosene para iluminar
Tudo era importante,
Naquela época limiar.

Depois de muito brincar,
Cansado de tanto pular,
Um caju eu pegava
Do cajueiro Naná.

Do perigo não tinha medo,
Nem de cobra sucuri.
Porque eu era menino
Sem medo de ser feliz.

Veja as voltas que o mundo dá:
De curumim de Pedreiras,
Namorador de cunhãs,
Roçador de mato,
Veja aonde fui parar.

Que bom que o mundo gira,
Mudando tudo de lugar.
Viajei para São Paulo
Para um dia eu voltar.

O tempo passou
Sem ao menos eu notar.
As aventuras
E desventuras que eu vivi
Foi pensando em melhorar.

Gente para ganhar o pão
Deixa pai, mãe e irmão.
Viaja e faz construção
Para o rico morar.

Sofre de saudade
Morando longe do seu lugar.
Ele casa e tem suas crias,
Vira poeta e escreve poesia.

Essa é a história
Destes caboclos do Ceará.
De tanto mudar de lugar,
Veja onde ele foi parar.

Eldorado Verde

Em um tempo remoto,
Nas terras de Tupã,
Aconteciam histórias
Para caboclo duvidar.

Tempos duros de viver;
Gente brava e guerreira
Caboclos, índios e negros
Nas terras de Pedreiras.

Tempos em que sonhar
Era uma questão de casar,
Ser feliz com as suas crias
Na mata fechada, bravia.

Gente vinda de todo lugar:
Ceará, Pernambuco e Bahia;
Exploradores de relíquias
Que vinham se aventurar.

Mata fechada, malária;
Árvores centenárias,
Derrubadas a machado
Por caboclos malhados.

Foi assim que o Maranhão
Virou sertão cultivado.
Arroz, milho e feijão;
Tudo era plantado.

Foi assim que eu conheci
Os caboclos e as cunhãs;

Gente brava e guerreira
Na cidade de Pedreiras.

Hospedeiros de doenças
Para laboratório pesquisar.
Abrindo veredas e picadas
Para estradas passar.

Eram caboclos fortes
Vindos de todo norte.
Caboclos dos sertões
De Euclides da Cunha.

Lutando com faca e facão,
Enfrentando a morte,
Malaria e amarelão
À mercê de toda sorte.

Cobras e sucuris gigantes
Nos alagados do norte.
Cuidado com os curumins
Nas correntezas do Mearim.

As doenças e as benzedeiras,
Na estância de Pedreiras,
Curavam com reza e sal
Todo e qualquer mal.

Nas terras de tupã,
Exploradores de riquezas vãs;
Os caçadores e as caças
Sobrevivendo na raça.

Eldorado verde do norte,

Maranhão e a Amazônia;
Caboclos, negros e índios
Sem medo da morte.

Hoje a tecnologia
Vai até o roçado.
Quem tem celular
Atende o chamado.

Antigamente, a tristeza,
Era viver sem cerveja.
Hoje, com a televisão
Você tem diversão.

Fui menino brincando
De namorar e casar.
Cresci e virei poeta
Para a história eu contar.

Quando a saudade bate
Faço poesia daqueles dias;
Que, na roça, as cigarras
Eram quem fazia a cantoria.

É hora de repousar, gente!
O sol, no céu, está quente.
Não espere queimar a pele;
Vem, para não ficar lélé.

Vai chover no roçado
Chuva de verão.
Macaxeira e milho verde
Alimento do sertão.

Era assim a lida
Todos os dias:
Trabalhar e colher,
Produzir e vender.

Hoje,
Eu recordo aqueles dias de luta.
Sol, chuva e os borrachudos,
Nada atrapalhavam a labuta.

Quando se tem coragem,
Enfrenta qualquer desafio:
As feras da mata selvagem
E as correntezas dos rios.

Heróis da minha terra
De que também eu fiz parte;
Viver lá era guerra,
Sobreviver era arte.

Chapada

Onde eu vivi a minha infância
Tinha um campo de aviação
Para pousar teco-teco,
Pássaros voando em arribação.

Tinha primavera de verdade,
Trazendo alegria e felicidade.
Vento movendo o catavento
Para eu brincar de aviãozinho.

Tinha palmeiras de babaçu,
Mais verdes que o mar.
Caboclos e cunhãs brejeiras
Brincando de namorar.

Sabiás laranjeiras cantando
Em todo lugar.
Casais namorando na janela
Em noites de luar.

Todo dia tinha labuta:
Na roça, tirava-se o pão.
Quebradeiras de coco
Fazendo calo na mão.

Hoje, não existem os sabiás
Cantando nas palmeiras.
Chapada não é mais de Pedreiras,
Ela pertence à Trizidela do Vale.

Lá, eu fui menino.
Lá, eu fui feliz!
Lá, eu conheci Margarida.
Lá, eu tomei rumo na vida.

O tempo passou e a magia

Não existe mais, desapareceu!
Chapada virou bairro, cresceu.
Tudo virou vila, quem diria...

É sempre a mesma cantoria,
A situação piora a cada dia:
Chama um e vem um milhão!
Gente pobre querendo chão.

Casa que desabriga poesia,
Tristeza se instala todo dia.
Gente lutando pela vida,
Animais ficando sem saída.

Terras de lindos coqueirais,
Onde eu vivi com os meus pais.
Saudades dos seus pomares,
Pedras verdes e os laranjais.

Vou terminando esta prenda,
Chapada não é mais fazenda.
Lotearam, fizeram mutirão;
Gente pobre invadindo chão.

Rogo a Deus e faço poesia;
Peço ajuda e faço oração.
Quem tem fome, tem pressa;
Destruir nunca foi solução.

Crescei e multiplicai irmão,
Sem destruir este chão!
Deus certamente diria:
Entenda esta poesia.

Zé do saco

Eu não esqueço
Aquele endereço:
Rua Tamarindo,
Onde eu fui criança.

Às margens do Mearim:
Lá, eu cresci,
La, eu fui menino,
Lá, eu fui feliz.

A infância que eu tive
Nunca mais terei.
O tempo não volta,
E eu não voltarei.

As lembranças vêm
Do bairro do engenho.
Era uma linha de trem
Só mão pra que vem.

Uma estrada de ferro
Sem nenhum destino.
Eu virei poeta e escritor,
Esse foi o meu destino.

Heróis da minha infância
Para guardar na lembrança:
Uma usina de pilar
E dunas para eu rolar.

Tinha ainda o pé de cajueiro
Onde eu gostava de brincar.

Zé do Saco,
Pequapá e os caboclos sararás.

Do pé de cajueiro Naná
Veja o que eu tenho pra contar:
Ele era bonito e frondoso
Só faltava falar.

Logo cedinho eu ia brincar
De bola de gude e pião.
Pescar no rio Mearim
Piaba com isca de pão.

Essa era a minha diversão,
Mas logo tinha que voltar.
Uma peixada me esperava
Na hora de almoçar.

Tinha ainda outras brincadeiras
Que não esqueço mais.
Zé do Saco e os Caboclos sararás;
Heróis de Pedreiras.

Zé do saco,
Herói de brincadeiras.
Lá em Pedreiras,
Agora eu vou lembrar.

Um saco de estopa,
Era tudo que ele tinha
Para levar as mercadorias
Para as moradias.

Depois de ganhar o pão,

Já na hora do jantar,
Ele me levava para passear;
Disso ele fazia questão.

Saía pelas ruas da Trizidela,
Um menino ele oferecia;
Por toda a sua freguesia
Ninguém queria comprar.

Depois de muito andar,
Esquiar em dunas de arroz,
Tomar sorvete e nadar;
Voltava comigo nos braços.

Seu Manoel Portela
Que tudo lhe confiava,
Achava tudo muito engraçado,
Quando Zé do Saco dizia:

Ninguém quis comprar...
Esse menino é muito feio,
Ele precisa engodar
Pra gente negociar.

Um sorriso engraçado
Dava o tom da brincadeira.
Zé do Saco, meu herói sarará,
Como é bom lembrar!

No Mearim eu aprendi nadar
Com as piabas e as sucuris;
Que medo eu poderia ter:
Nem de cobra, nem de me afogar.

Zé do Saco, meu herói sarará,
Estava ali para me salvar.

Hoje recordo com saudade
Como era bom brincar.

O tempo passou e criei amor
Pelas as histórias de lá.
Agora faço questão de lembrar
Dos meus heróis sararás.

O tempo não volta,
Eu não vou atrás.
Os meus heróis de infância
São os caboclos sararás.

Desbravadores do Maranhão,
Terra das palmeiras de babaçu,
Gonçalves Dias e João do Vele;
Aluísio de Azevedo, o escritor.

Manoel Portela, Pedro Piancó,
Manoel Inácio e Antonio Fogoió.
Terra dos Ribamares,
Heróis eternos no meu coração.

Agradeço todo dia
Por também ter sido de lá.
Terra escondida no sertão,
Terra de João.

Hoje os heróis das crianças
Estão todos na televisão.
Interpretando sonhos
Que eu vivi de verdade.

Não há Zé do Saco
E nem Caboclo Pequapá.

Porque nos caboclos de hoje
Não dá mais para confiar.

Queria ser menino e voltar
Para a Rua Tamarindo.
Brincar, dormir e acordar
Sem nunca ter saído de lá.

Quem sonha, cresce;
Quem sofre, padece;
Quem ama, entende;
Quem já foi feliz.

Heróis da minha terra:
Quando eu era curumim,
Não entendia de poesia
Para escrever o que eu sentia.

A poesia ficou dentro de mim
Para um dia sair por aí...
Como um dia eu fiz
Fugindo de você.

Princesa do Mearim,
Eternamente no meu coração.
Estes versos são para os seus heróis,
Os caboclos sararás.

Heróis de Pedreiras,
Eternamente comigo.
Lembranças de infância,
Conforto e abrigo.

Avó Heroína

Canudos era um lugar
Construído por desabrigados.
Gente pobre e sofrida
Que não tinha onde morar.
Gente expulsa pelos coronéis
Do sertão, donos do lugar.

Antonio Conselheiro morreu
Lutando contra o exército.
Ele não queria confusão,
Mas naquela ocasião,
Ninguém queria saber.

Antonio Conselheiro morreu,
Mas deixou uma legião de fãs.
Minha avó Virginia tinha orgulho em dizer
Que conheceu Canudos e Antonio
Conselheiro na sua mocidade.

Uma velhinha linda que
World Disney desenhou.
Velhinha da boca funda,
Como era a minha avó:
Virgínia Vaz de Aguiar.

Sabia fazer meizinha
Para curar qualquer doença.

Chá e receitas antigas,
Tudo ela fazia para ajudar
Quem dela precisasse.

Virgínia era amiga de todos
Na alegria e na tristeza,
Ela estava para ajudar
Os seus amigos
E a sua família.

Agora não perca o enredo:
O dia em que ela teve medo
De gente que foi para o céu
Que um dia lhe aconteceu
Na casa de sua filha Ozana.

Quando tudo era difícil,
Saúde e educação;
Os mais velhos sabiam
Receita de curar constipação.

Sempre que um menino
Nascia na casa de Ozana,
Virginia estava lá para ajudá-la,
Disto ela fazia questão.

Velhinha que sabia rezar,
Espinhela caída e caxumba.
Malária e amarelão;

Para tudo ela tinha receita
Para curar e aconselhar.

Certa vez,
De sua estadia na casa de Ozana,
Para acompanhar uma tia minha,
Desenganada do que adoeceu,
Algo lhe aconteceu.

Parente que morre e vai ao céu;
Depois volta descontente,
Vem para assustar parente.
Noite escura e assustadora
Faltou uma luz duradora
Para passar toda noite.

Com um pouco de sorte
Em outro quarto ali tinha:
Pão, doce e bolachinha.
Sair todos juntos foi a combinação,
Pegar combustível para o lampião.

Juntou toda família para a ação
Por medo de assombração.
Avó, mãe e filhas juntas saíram,
Todas com medo da finada tia.

Para criar coragem na gente,
A minha avó saiu dizendo:

Vamos, vamos, os Canudos!

Porém,
Por um vento encanado
Foram todos enganados.
Todos voltaram correndo
Para os seus aposentos.

Antônio Conselheiro
Enfrentou o exército
E venceu muitas batalhas.
Um exemplo de coragem
Para espantar fantasmas.

Minha avó evocou canudos,
Para essas ocasiões era tudo.
Dava coragem e determinação
Para espantar assombração.

Um vento encanado
Parecia uma ventania.
A velhinha assustada,
Pensou logo na falecida
Que ali tinha morrido.

Assustada e correndo,
Com medo da falecida.
Atropelou as netas e a filha
Por medo da falecida.

Todos saíram correndo,
Algazarra foi geral das netas,
Ninguém quis mais bolachinhas.
O fantasma da falecida tia
Era o que parecia.

Vamos, vamos, os canudos!
Para espantar fantasma da tia.
Minha avó evocou Canudos
Nessas ocasiões era tudo.

Assombração nunca existiu.
Minha avó era corajosa,
A ventania é que a iludiu
Antonio Conselheiro
Foi quem lhe garantiu.

Hoje recordo com saudade
De Virgínia Vaz de Aguiar.
Lembranças de infância,
Minha avó Virgínia,
Minha primeira heroína.

Jovem Guarda

A Jovem Guarda surgiu
Quando eu ainda era menino.
Ê, ê, ê, quero dançar com você.
Dois pra lá e dois pra cá,
Quero dançar com você.

Hoje não sei dançar
Esse tal de hip hop e funk!
Não tem mais matinês,
Nem tardes de domingo
Para sair com você.

Tudo virou pancadão!
Paquerar é azaração,
Louca juventude
Sem as virtudes de antigamente.

As gurias tão delicadas
São frutas no pancadão.
Beijinho no ombro
Para as invejosas de plantão!

Cadê as tardes de domingo
Tertúlia e matinês,
Para eu sair com você?
Agora é Shopping Center,
Rolêzinho, tá ligado?
Isto não é curtição.

Tá todo mundo louco, oba!
Ninguém é de ninguém

Cada um no seu quadrado
Veja onde o jovem foi parar:
Amar é curtir e namorar é ficar.

Adeus, ingrata! Adeus, ingrata!
Agora só tem menina chata.
No tempo da jovem guarda
A juventude gostava de curtir o barato.

Agora o jovem é piração;
Cheirar não é curtição.
Amar ainda é a grande sacada!
Era assim na jovem guarda.

Aonde foram parar os meus ídolos
Que até outro dia cantavam:
Doce, doce amor!
Onde eu posso lhe encontrar.

Jesus cristo, Jesus cristo,
Ainda estou aqui!
Esqueça que outro dia
Eu fui menino.

Vamos falar de homem pra homem,
O que você anda inventando?
Você parou com aquela mania
De ensacar ventania?

Na real,
Faça alguma coisa por nós.
Ultimamente você
Só tem pisado na bola:
Prendendo inocente e soltando culpado.

Pega o ladrão, pega o ladrão!
Pare de fazer judiação,
Esqueça os meus ídolos,
Deixe-os comigo
Só um pouquinho mais!

Sem eles eu morreria triste!
Deus os esqueça,
Só um pouquinho mais
E a felicidade nos alcançará.

Os verdes campos da minha terra
Ainda estão lá ou foram
Invadidos pelos o MST?
Mamãe, mamãe!
Socorre esse pobre menino
Ele não para de chorar.

Sorria meu bem, sorria!
Nem Evaldo Braga salvaria
Essa tal felicidade.
Sorria meu bem, sorria!

Brasil! Mostre a tua cara.
Vou chamar o síndico,
TIM Maia!
O que eu quero é sossego.

Balança a pança, Chacrinha.
Terezinha!
Essa buzina não para de tocar.

Já não aguento o buzinaço
Nem heróis de aço.

No meu espaço não há lugar
Para palhaços.

Menina de trança!
A namorada que sonhei
Casou e virou avó
Agora vive só.

Fuscão Preto,
Ela deixou meu coração
Em pedaços.
Você virou sucata,
Eu, relíquia e relicário.

Os detalhes de nós dois
Ninguém precisa saber.
Amigos, amigos!
Foi o que restou de nós.

Ainda queima uma esperança,
Tudo pode ser como antes;
Basta você querer ser
A minha, amada amante.

Feiticeira, feiticeira!
Largue de besteira,
Volte logo para o meu aconchego,
Eu estou carente.

Lady Laura,
Você pediu e eu contei
Uma historia bem legal.
Agora vá com Deus!

Quem gostou pede mais,

Quem não gostou esqueça
Se eu lhe fiz perder tempo.
Tome tento menino!

Tome gosto pela vida,
O que passou, passou
E não voltará.

Os ídolos da jovem guarda
Estão todos partindo.
Receba as flores que lhe dou
E em cada flor um Adeus!

Os nossos ídolos estão indo
Um a um, saindo de fininho
Como anjos querubins,
Indo morar no céu
Longe de mim.

Os nossos ídolos
Não fecharam a porta.
Construa a sua história
Que outros malucos como eu
Contarão as suas glórias.

Antes,
Poesia tinha que rimar.
Hoje, só precisa contar
Uma história bem legal.
Deixar as rimas soltas,
Livres como pássaros;
Isto é que é inovar.

Heroína do giz

Já contei a história de Pequapá
E dos caboclos sararás.
Agora vou contar a história
De nossa maior heroína,
Que desde menina,
Lutou e ensinou a seu povo;
Muitas vezes sem nada cobrar.

Aprender a ler e escrever
No meu tempo de menino,
Na estância de Pedreiras,
Não tinha giz de cera,
Um lápis e um borrão;
Tudo era feito à mão.

Não há doutores em Pedreiras,
Que no seu tempo de menino,
Não tenha sentado na carteirinha
Do colégio Correa de Araújo,
Com a professorinha chamada
Aldenora Veloso Medeiros.

Na cidade de Pedreiras,
Colégio Correa de Araújo,
Onde tudo começou.
Aldenora trabalhou
Com garra e determinação;
Construiu, com muito esforço,

O seu império de educação.

Aldenora, minha professorinha,
Nem parece que outro dia
Estudei na sua escolinha.
O tempo passou para mim,
Mas você não envelhece;
Parece uma menina.

Tenho orgulho em dizer
Que lá onde eu morei,
Tem alguém como você.
Não sei por que o povo
Ainda não quis ver
A heroína que é você.

Pai,
nosso primeiro herói

Quando eu era menino,
Como um passarinho
Esperava no ninho
A comida no bico.

Não sabia entender
O esforço que meu pai fazia
Para comprar a comida
Eu só tinha de comer.

Hoje eu sei da lida
Que ele teve na vida,
Comprar a comida
Para suas crias.

Dez crias para cuidar,
Alimentar e educar.
Lembro-me de uma vez
Que o vi chorar.

Certa vez o vi chorar
Pela pobre condição.
Sem roupa para vestir
Só uma calça de manchão.

Não é fácil não
Falar de quem partiu,

Deixando-nos na mão,
Deus foi quem pediu.

Hoje falo com sabedoria
Depois de tanto sofrer.
Para ele faço até poesia
Como forma de agradecer.

Meu pai foi Manoel Portela,
Homem como ele não há:
Responsabilidade e respeito
Foi que eu tive de direito.

Agradeço o seu esforço
Por todas as suas crias.
Moradia, comida e educação;
Era tudo que você nos oferecia.

Pai como você não há.
Deixou de comer às vezes
Para os filhos sustentar.
Pai como você não há!

Rendo esta homenagem
Para sempre eternizado
Nestes versos, meu pai.
Pai como você não há!

Ozana, mãe heroína

Ozana, Ozana nas alturas!
O padre levanta o cálice,
Anunciando a eucaristia:
Ozana, Ozana nas alturas!

Ozana mãe, Ozana filha
Ozana mulher de luta,
Ozana de guerra e labuta
Para criar os seus filhos.

Um dia, sem esperar, ela
Acordou de um pesadelo:
O seu mundo perfeito elo
Desmoronou em cima dela.

Nove filhos para criar,
Segurou todas as barras.
Não deu nenhum das crias
Porque ela tinha garra.

Ozana, Ozana nas alturas!
Tenho por você admiração.
Mãe, mulher e cidadã,
Viveu com toda dignidade.

Todos em sua cidade,
Tinham-lhe muito respeito.
Por tudo que você viveu
Eu tenho você no peito.

Quem viveu uma vida,
Que você viveu, merece,
Um lugar melhor para estar.
Quem tem uma vida sabe,
O significado de ser amado.

Quem viveu ao seu lado sabe,
O valor que tem o amor.
Ozana não viveu
Uma grande paixão,
Mas viveu os seus amores
E foi feliz com suas crias.

Ozana atravessou os mares
Para tentar outros ares.
Voltou para sua terra
Onde ela lutou com garra.

Morreu como todos morrem,
Na esperança de ser feliz.
Heroína de todos a fiz
Ela foi uma grande mãe.

Ozana, Ozana nas alturas!
Seja feliz onde estiver.
Os seus filhos agradecem
Sua garra e sua determinação
Para criá-lo com dignidade.

Agradecemos a sua luta
Para criar as suas crias.

Sem pensar no dia
Que seria recompensada.

Ozana guerreira,
Ozana de Pedreiras,
Ozana mulher, mãe!
Ozana, minha mãe.

Soneto ao Pequapá

Pequapá,
Pássaro pequeno,
Aprendeu a nadar
Para salvar gente
No rio Mearim.

Menino levado,
Vivia sozinho.
Foi abandonado
Debaixo da ponte
Do rio Mearim.

Solteiro por opção
Amou e não foi amado.
Debaixo da ponte,
Ele foi abandonado.

Pequapá,
Herói de Pedreiras,
Salvou gente
Das correntezas
Do Rio Mearim.

Morreu só e triste.
Sua amada índia
Que tanto amou
Não mais existe.

Herói de Pedreiras,
A sua história guardo
Com carinho a nado
De correntezas bravas
De vidas salvas.

A Lenda da serpente

A história que vou contar
Vem de longa data:
É uma lenda que flagela
A população de Pedreiras
E Trizidela do Vale.

Toda lenda tem um pé,
A lenda da serpente de Pedreiras
Tem pé, cabeça e lugar.
Mora debaixo da pedra grande
Que fica pra lá de Transwal.

Certa vez, chegou um profeta
Na cidade de Pedreiras, e disse:
Tem uma enorme serpente
Debaixo da pedra grande
E lá fica hibernando para um dia atacar.

A serpente fica por anos
Hibernando, na espreita,
Esperando a hora para atacar.
Quem duvida acompanhe
A história que vou contar:

Não tem açude e nem barragem
Que segure tanta água,
Quando a serpente resolve
Da pedra grande se desenrolar.

É que a serpente se alimenta
De tristeza e tormenta
Do povo daquele lugar.
Por isso, quando ela ataca,
A cidade volta inundar.

Sua cauda fica presa na pedra,
Mas seu corpo invade a cidade,
Causando tristeza e dor
A quem por ali morar.

Depois de algum tempo,
Quando ela sugou toda riqueza
Das pessoas que ali moram,
Ela volta para o seu lar.

A serpente fica longos anos
Debaixo da pedra grande,
Hibernando um sono profundo
Para um dia atacar.

Ela não ataca todo ano
E a história pode confirmar:
Só ataca de quatro em quatro anos,
Pode acreditar.

Ainda, segundo a lenda,
Ninguém a pode matá-la,
Pois se isso acontecer,
Uma grande destruição
Será pior que inundação!

Quando ela invade a cidade,
Não tem beco,
Nem lugar a que ela não possa ir.
Tudo fica inundado
Como se fosse o mar.

Mas, tenha paciência,
Ela é muita esperta,
Não se deixa enganar
Por qualquer armadilha.

Ela fica na rodilha
Esperando a hora de atacar
E um mundão de água
Vem de todo lugar.

Aconteceu no ano de 1964,
Quando encheu o Mearim,
Foi água que só mar
Eu estava lá e posso contar.

Uma enorme enchente
Invadiu todo o vale
Deixando todo povo
Fora de seu lar.

Somente anos depois,
Ela voltou a atacar.
Com o mesmo propósito,
Pode acreditar.

O homem,
Não contente com essa situação,
Construiu barreiras
Para a serpente não atacar.

Não adiantou nada,
Em 2009 alagou
Toda Trizidela do vale.
Foi água, foi mar em todo vale.

As pessoas saíram de suas casas,
Perderam móveis e objetos pessoais;
A serpente se alimentou o quanto pôde
Até voltar pra debaixo da pedra grande
Onde ela não deixa de morar.

Quem estava lá pode dizer,
A profecia não mente:
A lenda da serpente
Acredite, voltou atacar.

Toda lenda tem um pé
E aqui vou explicar:
A lenda da serpente
Pra quem não acredita,
É o rio Mearim.

O rio Mearim é lenda
Que da pedra grande se desenha
Uma serpente correndo
Em direção ao vale.

Quando o rio enche,
Todo vale se estica
E tudo se modifica.
É a serpente que sai da rodilha
Engolindo toda a cidade.

E, assim, fica esclarecido.
A lenda da serpente
Que mora debaixo da
Pedra grande.

Na realidade,
Serpente nunca existiu,
Mas o povo acredita
E por isso não duvide:
A serpente voltará a atacar.

A Lenda da pedra grande

Gente amiga de Pedreiras,
Vou contar o que descobri
Sobre a pedra grande
E a lenda da serpente.

Tem gente que pensa
Que a lenda da serpente
É pura fantasia,
Assim como a minha poesia.

Mas não,
Vem de muito longe o dia
Que começou essa história:
Contam os índios pedras verdes,
Que antes de ser rio Mearim,
Transwal era um grande canyon;
Por onde passava o mar.

Os seus antepassados diziam
Que ao pé do morro
Existia uma enorme pedra
Que, em noites de luar,
A pedra virava monstro.

Olhem a pedra,
Observem com atenção!
Ela fica bem ao pé do morro,

Parte da pedra invade o rio
Como se fosse um enorme pé.

Contam os índios,
Que o mostro protegia o vale.
Ao ver o rio se movimentar,
Pensou que fosse uma serpente.

Instintivamente ele pisou
Na cauda da serpente.
Foi nesse instante que aconteceu
Um raio que veio do céu.

Como um feitiço dos Deuses,
No primeiro passo que ele deu
O raio paralisou o monstro;
Ele ficou ali parado, petrificado!

Hoje é pedra grande,
Mas já foi monstro do mar.
Quem olhar do céu verá
Um pé prendendo a cauda
De uma enorme serpente.

A serpente, toda gente sabe:
É o rio Mearim, que passa ali,
O mostro,
Agora você já sabe:
É a pedra grande.

Pedra grande é rocha
Que nasceu para ficar.

Não duvide desta história
Não destrua a Pedra.

Você não sabe
O que pode acontecer;
Tudo pode virar mar,
Quem sabe até morrer.

A vida na terra,
Assim como aconteceu
Com os índios pedras verdes,
Você pode ser a pedra da vez.

Não brinque com a felicidade,
Tristeza não demora chegar.
Pedra grande é o monstro do mar
Qualquer hora ele pode acordar.

Transwal tem uma pedra
Que, um dia, foi mostro do mar.
Ela protege todo vale
E o que mais precisar.

Índios pedras verdes não existem mais,
O rio Mearem está agonizando.
Ele pede socorro para o mar,
Pedra grande voltará ser monstro
Quando tudo virar mar.

Pequapá

A história que vou contar
Aconteceu em Pedreiras,
No estado do Maranhão.
Terra de Chico Sá,
Onde também nasceu
O caboclo Pequapá.

Pequapá era um sujeito forte,
Baixo e sisudo.
Curtido de sol e cachaça,
Daqueles da cabeça de cupim,
Como diziam por lá.

Não gostava de muita conversa,
E quando se queria fazer medo
A uma criança, dizia:
Eu vou chamar o Pequapá!

O povo não sabia dizer
Se Pequapá era herói ou vilão,
Porque nos confins do sertão,
Toda gente anormal era doida.

Nas noites de verão
Ele subia o rio Mearim,
Para, lá em cima, cantarolar,
Canção de amor tupi-guarani.

Não se entendia bem a canção;
Mas pela entoação,
Ali existia paixão.

Nos dias normais,

Ele perambulava pela as ruas,
Pedindo um bocadinho aqui,
Outro ali...
Andava sempre com sua canequinha
Que era para tomar um traguinho
E fazer o tempo passar.

Pouco eu sabia do seu passado.
Conheci-o quando eu era garoto.
Eu tinha medo que me arrepiava,
Quando dele ouvia falar.

Fui crescendo e me acostumando
Com aquela pessoa esquisita.
Não tinha pai, mãe, filhos...
Vivia debaixo da ponte
Sem parentes e sem família.

Aquele lendário indivíduo
Nasceu com aquela cidade
Pois quando lá eu cheguei,
Ele já estava.

Corria um boato,
Que ele foi marinheiro
Da segunda guerra mundial
Pois como ele nadava,
Só podia ser do mar.

Quase sempre morria gente
Nas correntezas do rio Mearim,
E quando do desespero das vitimas:
Chama Pequapá!

Pequapá vinha com seu jeito enfurecido,

Mergulhava no local do acidente,
Depois de vinte minutos subia
Com o indivíduo desfalecido.

Depois daquele gesto singelo,
Nenhum agradecimento...
Somente olhares de admiração:
Como ele conseguia ficar
Tanto tempo sem respirar!

Parti daqueles lados
Há muito tempo,
Mas recebi noticias
Que contam seu fim.

Desamparado pela sociedade,
O pobre não tinha onde morar.
Quando chovia, ele estava perdido,
Pois seu barraco alagava.

Certo dia,
Quando o tempo faz a gente
Esquecer as pessoas,
O Pequapá bebeu para esquecer
A sua dor.

Naquele dia choveu:
Chuva de lágrima,
Lágrima do céu,
O rio encheu,
Expulsou as pessoas de suas casas
E matou Pequapá.

A Estrada

A estrada é um caminho
Que nos leva aos lugares.
Estrada que nos leva para o mar
E estrada que nos leva
Para qualquer lugar.

A história que eu vou contar
É de uma família na estrada.
A minha família na estrada:
Ora mudando de casa,
Ora mudando de cidade.

O destino de cada um está
Traçado por uma estrada.
Tanta faz você ser do sul
Ou do norte,
A estrada é destino e morte,
Traçados para todos nós.

A minha memória não falha:
Uma estrada para viajar
De um estado para outro
Foi a primeira linha,
Quando eu era menino,
Traçado pelo destino.

Estrada longa, comprida,
Traçando o destino da gente.
Não perca a condução,
Vamos se embora, gente,

A estrada é comprida.

Não perca o enredo:
Desta história tenho medo
Estrada de luta inglória
Para o fim desta história:

Quando a gente é criança
Tudo é diversão.
Pode faltar pão, Educação;
A gente não liga,
Porque tudo é diversão.

Depois que a gente cresce,
Precisa pegar a estrada.
Construir um lar e morar.
Vejam os senhores,
Que estrada eu fui pegar.

Das caatingas do sertão
Peguei estrada do Maranhão.
Meu pai tinha tanto lugar para ir,
Mas não, ele foi para Pedreiras,
No estado do Maranhão.

Pedreiras era um lugar
Assolado por enchentes.
Quando tudo virava mar,
Toda aquela gente
Tinha que sair de seu lar.

Nem sei quantas vezes
Meu pai mais que, de repente,

Saía com a gente correndo
Fugindo da enchente.

Outro dia fui contar
E perdi a conta dos lugares
Onde passamos enchentes.
Até de Transwal
Já tivemos de mudar.

Transwal era uma vila,
No interior de Pedreiras.
Que meu pai foi
Montar casa e um comércio.

Nossa nova acomodação
Vila de gente pobre,
Todos na mesma situação.
Quem tinha uma quitanda
Era rico e podia
Viver com satisfação.

Não tinha luz elétrica
Nos anos sessenta,
Tudo era diferente:
A gente vivia na escuridão
De luz e educação.

Certo dia,
Meu pai acordou com uma ideia genial:
Comprar um sítio
Para os filhos acomodar.
Os filhos crescendo,

Todos carecendo
De serviço e pão.

Quem tem fome
Precisa trabalhar.
Veja a situação,
Veja aonde fomos morar.
O paraíso mudou de lugar
E nós fomos morar lá.

Era um sítio todo florido
De plantas e frutas
Laranja e maracujá
Tudo em um só lugar.

Porém, quem não cuida
Tudo pode acabar.
Uma estrada é um caminho,
Também pode ser o desvio
Do destino de alguém.

Uma estrada foi projetada
Passando pelo nosso sítio
Não demorou sair do papel.
Depois da euforia,
Vimos tudo se acabar.

As plantas, as frutas minguaram.
A estrada de terra com a poeira
Cobria o matagal de pó;
Até as laranjeiras morreram.

Plantação de subsistência

Era o que todos ali faziam.
Nem chegava o inverno
E a comida começava faltar.

Meu pai que foi sempre
Do comércio e da estrada,
Resolveu novamente mudar
A vida dele e da gente.

Minha mãe que amava
O sítio e a sua criação,
Achou uma péssima ideia
Vender o sítio e viajar.

Viagem pra outro lugar
Sem casa e sem pomar.
No campo ou na cidade,
Uma família para sustentar
Carecia de muito trabalhar.

Porém o destino
Nos leva pra onde quer.
Tanto homem como mulher,
Só faz o que ele quer.

Meu pai até tentou
Um empréstimo tomar.
Mas o banco queria
Era nossas terras tomar.

Depois de tanto planejar
Não adiantou falar.
Quem procura destino

Dá um desatino
Veja onde fomos parar.

Dez filhos pra criar
Sem sítio e sem pomar.
Banana, laranja e cuxá,
Tudo que se plantava dava,
Mas tinha que cuidar.

Agora, na cidade,
Sem sítio e sem pomar
Tudo tinha que comprar
Até mesmo o cuxá.

Cuxá é vinagreira,
Mistura providencial
De pobre comer
No estado do Maranhão.

Arroz e feijão
Não precisavam de mistura,
Cuxá era solução
Em qualquer situação.

Hoje eu recordo
Com tristeza aqueles dias.
Depois da tragédia
Que o destino preparou
Nunca mais tivemos alegria.

O destino disse que a cidade
Tinha tudo que a gente queria.

Um mundo de pura fantasia,
Quem vivia ali sabia,
Que tudo era hipocrisia.

Para ganhar o pão
O cidadão passava humilhação.
Comprar fiado e esperar
Que Deus lhe dê solução.

O velho meu pai era esperto:
Com um vitém, ele fazia um milhão!
Mas com carro ele não tinha sorte.

Depois de fazer um mau negócio,
Ficamos sem sítio e sem pão.
Começar de novo foi a solução,
Juntar trocado e prosperar
Até tudo melhorar.

Mas o destino não quis
Que fossemos felizes.
Uma estrada novamente
Estava entre a gente.

Um novo negócio
Meu pai arquitetou.
Prosperidade e felicidade
Que pouco durou.

Uma estrada entre nós
Atravessou a sua vida.
Levando o nosso patrimônio,
Levando a sua vida.

Zé de arroba

Zé de Arroba,
Assim ele ficou conhecido.
Soldado quilombola
Também tem história.

Para quem não o conheceu,
Aqui eu vou explicar o apelido:
Ele era pequeno e franzino,
Não pesava uma arroba.

Di Arroba até tentou
Trabalhar em outra ocupação.
Acabou palhaço,
Anunciando promoção.

Vendia sorvete e cocada,
Fazia ponto na calçada.
O dinheiro que ele ganhava
A família não sustentava.

Brasileiro é inteligente:
Quando não tem emprego,
Ele inventa;
Assim fez Zé de Arroba.

Um armazém foi inaugurado
Lá pelos anos setenta.
Zé Arroba inventou
Um palhaço de terno.

Zé de Arroba anunciava
Qualquer evento:
Rua a baixa, rua acima,
Com um megafone de lata
Terno e gravata.

Falava para o povo
As novidades do lugar.
Anunciava shows e eventos,
Esse era o seu talento.

Não havia festa naquele lugar
Sem Zé de Arroba para anunciar.
Conheceu artistas e cantores
Viajava para todos os lugares.

Chacrinha inventou
E Zé de Arroba copiou.
Um palhaço de terno
Para animar a festa.

Todos os dias ele trabalhava
Anunciando as promoções.
Megafone de lata,
Terno e gravata.

Hoje tem promoção,
Tecido volta ao mundo.
Não perca o show
Na Praça Ciro Rego!

Zé de Arroba ficou famoso
Depois de tanto lutar.
O pouco dinheiro que ganhou,
Nada adiantou.

Família pobre e humilde
Qualquer agrado era renda.
O pouco salário que ganhava,
Quase nada sobrava.

Morreu o pobre menino,
O nosso Chacrinha sarará.
Foi-se o arrimo do destino
No céu ele estará.

Aquele menino franzino,
Para sempre será lembrado.
Ele foi mais um herói
Que este país enterrou.

Desnutrido de amor,
Ninguém viveu a sua dor.
A cachaça o consumia,
Ele transpirava poesia.

Zé de arroba ficou famoso,
A morte o consagrou.
A simpatia do povo ele conquistou
Sem pedir nenhum voto.

Agora faço questão de anunciar
Para o mundo conhecer.
A história de Zé de Arroba
E como ele viveu.

Heróis da minha infância,
Para sempre será lembrado.
Um palhaço anunciado promoção
No meio do sertão.

Como esse mundo é cruel!
Pobre morre e não vai para o céu,
São tantas as dívidas
Que ele fica aqui a vagar.

Senão, ele estaria no céu
Junto de nosso senhor!
Falando pra São Pedro
Que viver aqui dá medo.

Zé de Arroba é poesia
Que o povo escreveu,
Agora que ele foi para o céu,
Todos reconhecem o seu heroísmo.

Zé de Arroba foi mais um herói
Que eu deixei em Pedreiras.
Herói de um povo
Cansado de ter vilões!

Zé sapo

As figuras ilustres de Pedreiras,
No meu tempo de menino,
Não precisavam do meu voto.
Muitas apareciam de surpresa
Para conquistar a minha simpatia.

Não pergunte onde moravam
Zé de Arroba e Zé sapo,
Que por ignorância minha
Eu não vou saber falar.

Zé sapo sabia nadar,
Apesar de sua deficiência.
As pernas atrofiadas,

Nada lhe atrapalhava,
Quando ele caía no rio.

Pulava da ponte do rio Mearim
Só para ganhar dinheiro,
Pois ninguém acreditava
Na sua destreza.

Ele pulava da ponte
Com toda a destreza.
Nadava como um sapo,
Essa era a sua proeza.

Quando o rio estava cheio
A ponte era disputada
Com plateia curiosa.
Tinha quem se arriscava
Pular da ponte majestosa.

Eu era menino e sabia nadar
Como um peixe no mar.
Ofício que aprendi rápido
Com as enchentes do lugar.

Cansei de atravessar o rio:
Eu queria ver quem gritava
Na outra margem do rio.
O grito era meu eco,
Que nunca estava lá.

Quando o rio ficava cheio

Era perigoso ninguém voltar.
As correntezas e as sucuris
Podiam em um bote lhe pegar.

Zé sapo era ligeiro
E de nada ele tinha medo.
Não podia andar, mas sabia nadar.
Andava com o auxílio das mãos
Porque as pernas atrofiaram.

Eu não sabia o que ele
Fazia para ganhar dinheiro;
Não pedia esmola como tantos,
Vivia pulando da ponte
Só para mostrar que sabia nadar.

Parti de Pedreiras há muito tempo,
Nem sei onde ele foi parar.
Desapareceu assim como chegou,
Sumiu da cidade, assim como eu.

Fui viver minhas aventuras
Em outro lugar.
Zé sapo é mais um herói
Que eu deixei por lá.

Saudades daqueles tempos,
Saudades dos meus heróis.
Heróis da minha infância,
Como é bom lembrar!

A Lenda do caipora

Caipora é um ser que habita
Nas matas do Brasil
Protege os animais e a mata
Caipora gosta de fumar.

Segundo a lenda, Caipora
Vive escondido nas matas
Para proteger os animais
E o que mais precisar.

Um dia aconteceu que,
Um caçador desobedeceu
Uma lei que tem na mata
De matar só para comer.

O caçador que ia caçar
Sem respeitar a natureza,
O Caipora aparecia montado
Em um porco só para assustar.

Várias histórias aconteceram
Com gente que ia caçar.
Precisava ver pra acreditar
O que o Caipora era capaz.

Alguns dizem que o Caipora
Vive escondido nas matas,
Quando via um caçador
Começava gritar e cantar:

Caçador malvado,
Vá caçar em outro lugar
Aqui não vou deixar,
Essa era a cantoria.

Assustado com o que via
O caçador não conseguia atirar,
Tamanha era a gritaria,
Ele fugia assustado.

Certo dia, ele viu o Caipora
Andando na mata e montado
Em um porco selvagem,
Que ele tentava matar.

Foi uma aflição danada,
Uma marmota em ação.
Montada naquela cria
De porco selvagem.

Até que um dia o caçador
Resolveu enfrentar a dor,
O medo daquela agonia
E falou com o Caipora:

Caipora eu tenho filhos pra criar,
Deixa-me caçar uma cutia.
Não me deixe nessa agonia,
Peço-lhe esse favor.

Deixa-me caçar Caipora
Para sustentar meus filhos

O Caipora então disse:
Pode caçar só uma cutia.

Mas na próxima vez o caçador,
Para caçar tem de trazer
Oferenda para esta cria:
Cachaça, fumo e iguarias.

Cachaça para eu beber,
Fumo para eu fumar.
Fumaça vai espantar
Mosquito e distrair.

O caçador levou as iguarias
Além de levar doce e frutas.
Levou fumo de rolo
Para Caipora fazer fumaça.

Caipora ficou contente.
Ele entendeu que gente
Precisava se alimentar,
Mas não podia exagerar.

Ficou combinado com o caçador
Que só uma caça ele podia levar.
Quem descumprisse o trato
Naquela mata não ia caçar.

Caipora virou lenda
Depois desse acontecido.
Tem gente que acredita
Em Caipora e Curupira.

Tem gente que se deu mal
Por não acreditar na lenda.
Tem o seu tempo perdido,
Volta da mata sem caçar.

No Maranhão, eu fui menino
Aprendendo a respeitar as lendas.
A natureza e os animais
Todos precisam ser respeitados.

Você que é caçador
E quer ser respeitado
Pela lenda do Caipora,
Faça uma oferenda,
Caipora vai lhe ajudar.

Caipora protege os animais,
Ele vai proteger você.
Quem desrespeita a natureza
Não merece ser respeitado.

Caipora protege os animais
Na mata, ele vai proteger você.
Quem não preserva a natureza
Não sabe o que é amar.

A natureza é linda,
Ela dá fruto e sabe amar.
A beleza da mata
É o verde do mar.

Princesa do Mearim

Terra da pedra grande,
Princesa do Mearim,
Quanta falta
Você faz em mim!

Há muito tempo
Dos teus encantos parti.
Por qualquer desencanto
Nunca mais voltei.

Mas tenho no peito
Seu amor bem guardado.
Qualquer dia, qualquer hora,
Como um bumerangue jogado,
Para os seus braços voltarei.

Quanto tempo passar,
Aventuras eu vou viver.
Quantas cidades eu passar,
De você não vou esquecer.

Não sei que beleza você tem
Nem o que tanto me seduz,
Mas, se existe destino,
Para Pedreiras eu voltarei.

Voltarei para a Rua Tamarindo,
Visitar aquelas meninas.
Indo até a Rua da Formiga
Namorar aquela rapariga.

Voltarei a ser menino,
Mergulhar no Mearim.
Ter febre e amarelão,
Voltar ao Maranhão.

No mercado central,
Tomar um mingau.
Comer cuscuz de arroz,
Cuxá e uma panelada.

Na beira do rio,
Não vou pescar
Porque peixe
Não tem mais lá.

Na Rua da Golada,
Aquele forró.
Prefiro ficar só,
Que dançar mió.

Na Trizidela penso nela:
A menina, que na janela,
Deixei esperando por mim
Quando fui cuidar de mim.

Eu faço esta poesia
E espero que um dia
Não se esqueçam
Que eu fui menino.

Aí bem pertinho
Aonde o rio faz
Deste homem
Um curumim.

A Lenda do Saci Pererê

(Versão moderna)

Saci pererê anda com um pé só,
Montado no redemoinho.
Anda por todos os caminhos,
Assim, falava minha avó.

Apareça já, saci pererê!
Venha ver o meu enredo
Que acabei de inventar,
De você não tenho medo.

Sei que todas as manhãs
Você acende o cachimbo,
Sai por aí aprontando,
Inventando histórias.

Vai para a cacimba
Colocar sal na água
Pra gente pensar
Que é água do mar.

Apronta de montão
Dá risada, faz careta;
Parece o capeta
Saltitando pra lá e pra cá.

Antigamente, a gente pensava
Que você era encantado.

Hoje, sabemos perfeitamente
Que você não era gente.

Você era lenda
Que o povo inventava
Para enganar gente
Que era pouco inteligente.

Não adianta iludir
Quem só quer curtir.
Saci pererê moderno
Agora anda de terno.

Saci pererê se modernizou,
Não é mais como antigamente.
Ficou inteligente, virou gente!
Usa a tecnologia para aprontar

Saci pererê moderno
Não fuma cachimbo.
Ele é politicamente correto,
Inteligente, discreto.

Agora,
Ele usa a tecnologia
Para se comunicar.
Viaja e tira foto no celular,
Invade as redes sociais.

Manda mensagens pelo whatsapp,
Apronta de montão!
Usa o face book para aprontar

Ele está em todo lugar.

Nas redes sociais,
Ele aparece de repente
Dizendo que é seu amigo,
Mas eu sei bem quem é.

Invade a sua página,
Trava o seu computador.
Nega seu nome
Para lhe enganar.

Não anda de redemoinho,
Ele faz outro caminho.
Agora ele viaja de wi-fi
Para não ser reconhecido.

Não contente com sua condição,
Colocou prótese na outra perna.
Usa terno, gravata, sapato!
Fala inglês e português.

Comprou moto, carrão!
Mora em mansão, sobrado
Com o dinheiro ganhado
De golpes nas redes sociais.

Usa tênis de marca
Jeans, fone de ouvido.
Ele está sempre ligado
Em todo acontecimento.

No facebook ele aparece
Com lindas mensagens,
Sem ninguém ter chamado,
Tentando lhe enganar.

Querendo lhe iludir,
No e-mail ele vem inteligente.
Vendendo vantagens mil,
É a melhor coisa do Brasil!

Quer ser o seu amigo
Para aprontar de montão.
Saci pererê moderno
Agora é spam.

A lenda do bumba meu boi

Veja que situação,
O que faz a paixão:
Para sua amada,
Francisco matou
O boi do Patrão.

Nego Chico foi preso
Acusado e maltratado.
O boi que ele matou
Era o boi do patrão
Mandatário do lugar.

A sua amada estava grávida
E desejou comer língua do Boi.
Desejo da mulher amada,
Nego Chico não podia negar.

Princesa, ele é o boi do patrão,
Mas um pedido seu, não nego.
Vou parar no reio,
Mas eu mato esse boi para
você comer.

Uma língua de boi assada
Para agradar a sua amada.
Nego Chico fez o sacrifício,
Matou o boi do patrão.

Depois do serviço feito
Veio o arrependimento,

Veja a situação de Francisco,
Ele foi para a prisão
Acusado de roubar o patrão.

Ele chorou no reio do patrão,
No tronco ele fez oração,
Pediu ajuda para os orixás
Para trazer o boi do patrão.

O boi do patrão estava morto
E Francisco no tronco amarrado.
Chico rezou para os orixás
Para o boi ressuscitar.

Nego Chico era religioso,
Para os orixás fez oração
Para trazer o boi de volta
E o patrão lhe perdoar.

Os orixás precisavam de festa:
Cachaça, oferenda e dança.
Para completar o serviço,
Tinha também o Francisco,
Prometer uma grande festança.

Francisco combinou com os amigos
Para fazer a festa e as oferendas.
Convidar todo o povo para festejar,
Precisava agradar os orixás
E assim sucedeu o acontecido.

Veio gente de todo lugar
Prestigiar o acontecido.
Alguns vieram de máscaras,

Para não serem reconhecidos.

Outros vieram fantasiados
De caboclos e vaqueiros,
Para o patrão não desconfiar
Que não era gente de Chico.

Todos os amigos de Francisco
Compareceram com oferendas.
Tambores, cuícas e atabaques,
Para a festa dos orixás.

Todos gostavam de Francisco
Que não merecia o castigo.
Outros vieram para caçoar
Com a história e o castigo.

A festa durou uma noite,
Com cantoria para os orixás:
Oferendas, ensaios e rituais,
Bumba meu boi foi evocado.

A grande festa dos orixás,
Batucada e rituais afros.
Evocaram os Deuses da África
Para o boi ressuscitar.

Depois de toda cantoria,
Com Francisco e seus guias,
Os orixás atenderam
O pedido de Francisco.

O boi apareceu no curral.
Em todo arraial do patrão
Foi aquela admiração.

Depois deste acontecido,
A história tomou vida.
Em todas as cercanias,
Em todo sertão.

A festa dos orixás virou
Bumba meu boi.
Agora, em todo sertão,
Dança bumba meu boi.

Folclore do sertão,
Lenda do bumba meu boi
Para sempre eternizado
No estado do Maranhão.

Esta é a lenda do
Bumba meu boi,
Que acontece em todo sertão.
Quem acredita, dança!
Quem não acredita,
Vá espiar

Rua da golada

Vamos tomar uma golada
Antes da pescaria?
Porque de gole em gole,
A tristeza se esvazia.

Era assim que se fazia
Quem ia para pescaria.
De tanto repetir golada,
Por golada ficou conhecida.

Rua da golada,
Como ficou conhecida.
Rua de bares e boemia
Que um dia virou poesia.

Pisa na fulô, pisa na fulô
Não maltrate o meu amô!
Zé cachangá era o tocador
João do Vale o compositor.

O tocador era ruim,
Ele só sabia a cantar:
Pisa, pisa na fulô
Não maltrate o meu amô.

Depois de uma golada
Nenhuma música é ruim.
Inté Zé serafim
Começou a elogiar.

Na rua da golada era assim,
A boemia não tinha fim.
Amanhecia o dia
E começava a cantoria.

Tinha forró todo dia,
Mulher a dá com pé,
Mulher com mulher
Dançando arrasta pé.

O forró não parava,
A festa amanhecia o dia.
Zé cachangá era o tocador,
Não maltrate o meu amô.

Hoje não tem forró,
Rua da golada ficou só.
Abandonada, ela virou história
Daqueles tempos de gloria.

Saudades dos pescadores
Vindos do alto Mearim.
Carregados de surubins
Para atender a freguesia.

O rio Mearim secou,
Os peixes morreram.
Rua da golada entristeceu,
João do Vale morreu.

Macunaíma
e os caboclos sararás

Macunaíma andou pelo sertão,
Foi no estado do Maranhão,
Que ele deixou um herdeiro:
Um negro do navio negreiro.

Pai de toda miscigenação,
José Benedito até então,
Igual ao padroeiro do lugar
Que era para lhe ajudar.

Igual ao pai ele saiu,
Nego Zé foi se chamar.
Quando alguém instigava
A falar, ele dizia:
Ai, que preguiça!

Os caboclos sararás são
A herança da miscigenação
Que Macunaíma deixou
No estado do Maranhão.

Heróis da minha infância,
Macunaíma e os caboclos sararás.
A mistura de negros e índios,
Fruto desta miscigenação.

Nego Zé era remanescente

Da senzala e da escravidão.
Vivia no interior de Pedreiras,
No Estado do Maranhão.

Amigou-se com uma cunhã
Que trabalhava para lhe sustentar.
A choupana escondida no mato
Era pra ninguém espiar.

O seu modo de viver
E a sua cunhã brejeira.
Ele se gabava em dizer:
Esta é a minha sinhá.

Ele morava na selva fechada,
O mato, de tanto crescido,
Só faltava entrar na choupana;
A preguiça não deixava capinar.

Mas ele precisava trabalhar
Para as suas crias sustentar.
Assim ele enfrentou as feras
E a preguiça no corpo a morar.

Nego Zé e a sua cunhã
Sobreviviam da quebra do coco,
Que ele vendia em Pedreiras,
Ou no comércio de Transwal.

Arroz e cuxá com malagueta,
No caldo ralo de feijão.

Esta era a comida da ocasião,
No estado do Maranhão.

Porém, quem tem fé
Não precisa nem rezar.
Deus coloca comida
Para os seus filhos criar.

Nego Zé era só mais um que
Sobrevivia da extração do babaçu.
Coco babaçu era ouro verde
Que por comida ele trocava.

Aos sábados, ele aparecia,
Na vila de Transwal.
Com uma carga que vendia,
O babaçu e o que mais tinha.

Depois de vender as mercadorias,
Fazia festa com o que recebia.
Da pouca quantia que sobrava,
Era para as roupas de suas crias.

Nego Zé contente bebia
Uma pinga para aliviar.
A sua lida e a solidão
Dos cafundós do sertão.

Quem bebe não é dono
Da sua própria vontade.
Nego Zé na verdade,

Caiu na calçada de sono.

Nego Zé pegou no sono,
Roncou e babou o chão.
A molecada fez judiação
Com o pobre cidadão.

Chiclete pra mastigar,
Fazer bola e balão.
O resto ninguém sabe
Aonde ele vai parar.

Nego Zé acordou zonzo
Vendo o mundo a girar
Com a cabeça cheia
De chiclete e cachaça.

Seu cabelo ruim e estático
Pra tirar chiclete elástico.
Nego Zé não entendia a razão,
De tamanha judiação.

Então ele se deu conta
Do tamanho da desgraça.
Veja o que faz a cachaça
Com o pobre cidadão.

Depois de pensar no dinheiro
E na mistura da semana:
Toucinho, sabão e sal,
Pensou na sua amada,

Na mata a lhe esperar.

Nego Zé se recordou
Que tinha de levar
Mistura do feijão
Para a semana passar.

Depois de perguntar
Para o povo do lugar:
Cadê o sá? Cadê o sá?
Sem resposta ele ficou.

A vida no Maranhão
No meu tempo de menino:
Caboclos, negros e índios,
A vida não era fácil não.

Enfrentar as matas e as feras
Não lhes causavam medo.
A mata tem seus segredos,
As doenças as suas curas.

Óleo de copaíba cura
Qualquer machucadura.
A solidão e a lida dura;
Essa, não tinha cura.

Depois de muito tempo,
Faço todos aqui saberem:
Quando eu era menino,
Eu conheci esses seres.

Por essa razão eles são
Os meus heróis do sertão,
Que lutaram por ocasião,
Com garra e determinação.

Lutaram para viver e ser feliz,
Construir com esforço e valentia,
Não somente o seu lar e a família,
Construir um estado, uma nação.

Poucos sobreviveram à malária,
Doença do estado do Maranhão.
Porém, com garra e valentia,
Eles colonizaram o Maranhão.

Gente brava e guerreira,
Na cidade de Pedreiras.
Gente sem medo de lutar
Por seu amor e a sua nação.

Caboclos, negros e índios,
Formando a miscigenação,
Herdeiros de Macunaíma
Hoje, cidadãos do Maranhão.

Nego Zé foi um exemplo
Da vida que eles tiveram.
A luta pela sobrevivência
No estado do Maranhão.

Nego Zé na terra de Ribamar,
Sobrevivente da escravidão.
Refugiado nas matas
Com os bichos foi morar.

Heróis da minha infância:
Tão distantes de mim,
Tão perto da admiração
Deste pobre cidadão.

Os caboclos dos Sertões
São os bravos sararás.
Rústicos e rudes cidadãos;
Remanescentes da escravidão.

Nego Zé e Pequapá
E os caboclos sararás
Tenho muito respeito
Pela história de todos vocês.

Para sempre, os meus heróis,
Eternamente na minha mente,
Como vocês eram gentes,
Como vocês foram heróis!

Edições Vila de Portel

Conheça outros títulos

Tardes Paulistanas   O Sonho do Cacique   Saudades de Lu

92 páginas   92 páginas   92 páginas

Contatos:

www.portelprado.com
E-mail: pradoportel@gmail.com
Face book/prado. portela.com

São Paulo – Brasil 2014